오늘은 바람이
정재완 시집

오늘은 바람이

정재완 시집

버드나무

차례

난 자신 있다 7/ 봄이 흘러가네 8/ 한계 10/ 봄의 사랑 11
내게 여인은 다 소녀다 12/ 천국의 안식 15/ 시원하지 16
이제 여름인가 17/ 시온을 그리워하는 그 사람 18/ 모퉁이 돌 예수 20
하늘이 시원하겠다 21/ 비밀이 여기에 있다 23
그 깊이가 알 수 없다 24/ 나의 보석은 기도 25/ 하나님이 이겼다 26
보시기에 좋은 사람 27/ 보기에 예뻐요 28/ 이기주의 29/ 확신 30
허무 31/ 그리워한 만큼 33/ 환상 34/ 오늘 좋다 35
나는 외로운 삶이다 36/ 달리고 싶은데 37/ 홀로 서 있는 여름 38
그 믿음을 가질 수 있다면 39/ 온 이스라엘의 구원자 예수 40
낙관주의 41/ 얼굴이 밝다 43/ 재미가 있지 44/ 낙관주의 II 46
예수와 함께 걷지 47/ 목련이 핀 봄날에 48
하늘에서 오는 큰 기쁨 50/ 장사 잘 된 날 51/ 놀러가자 52/ 갈망 53
많이 판 날 54/ 공친 날 55/ 오늘은 보이지 않네요 57
장사 안 되는 날 58/ 예수 힘 59/ 하얀 꽃잎이 내리는 봄 60
더 없이 좋은 날 62/ 성장 63/ 떠나고 싶은 날 64/ 하나님 만나면 65
여인을 기다리며 66/ 사랑 노래 하려면 67/ 웃고 싶다네 69
오지 않는 여인을 기다리며 70/ 이스라엘의 회복 71/ 어디선가 72
나의 기도 73/ 회복 75/ 즐거운 인생 76/ 걱정은 왜 하나 77
더 추락하겠지 78/ 장가 가고 싶은 날 79/ 아파요 80
이슬비가 온다 81/ 새로운 장사 보고 82/ 절망 83/ 위선자 84

이제 여름 85/ 기다리다 보면 86/ 사랑 예수여 보소서 87
장사 잘 된 날 II 89/ 집에 가야 되는데 90/ 세월이 가면 91
오늘은 바람이 92/ 참새는 예쁘다 95/ 사랑의 장막 96
끝나는거니 97/ 횡설수설 98/ 심령이 바싹 말라야 100
개인적인 참새 101/ 자학 102/ 자위 103/ 재만 남는다 104
요셉의 꿈 105/ 종이 되고 싶다 106/ 요셉의 꿈 II 107
은혜 구합니다 108/ 깨어나야 된다 110/ 납작히 있는 자에게 111
행복이 따로 없다 113/ 장사나 하지 114/ 서쪽으로 가버린 노을 115
많이 팔린 날 116/ 빛이 와서 감사해 117/ 오늘 웃고 만다 118
비처럼 내린다 119/ 주실거 다 주신다 120/ 허탕친 날 121
하나님은 할 수 있다 122/ 기도한다 123/ 십자가 파는 날 124
죽을 각오하고 125/ 십자가를 다 팔고 126/ 허무 II 127
빛이 따뜻함을 128/ 예수 가시꽃관 129/ 중보 130/ 꽃도 피겠다 131
하나님 얼굴이 133/ 책임전가 134/ 책임전가 실패 135
아침만 되면 136/ 반갑고 좋다 137/ 오고 있을걸 139
구름 떼 있네 140/ 재미 있어 141/ 밝은 하늘 좋다야 142
그 사람은 복이 있다 143/ 행복해하는 너는 144/ 그냥 날아간다 145
무엇을 해야 될지 146/ 가을 깊어지면 147/ 나 보더니 148
횡설수설 II 149/ 사랑 해야지 150/ 여름 나무는 151
세상을 만드는 과정 152/ 견디기가 어렵다 153/ 높은 곳에 오르다 154

하나님이
날 무척
사랑하신다
난 자신있다

난 자신 있다

하나님이
날 무척
사랑하신다
난 자신있다

봄이 흘러가네

날은 좋은데
바람이
심하게 분다
봄이 흘러가네

그날은 좋은데
바람이 하도
쌀하게 분다
봄이 흘러 가네

한계

나는 산에 올라가는걸
좋아한다
내가 조금 밖에
못 올라간다

봄의 사랑

봄은 여름을 사랑한다
남은 세월을 여름을 위하여
남겨 주고 간 봄

내게 여인은 다 소녀다

여인들은 다 소녀이다
마음이 예뻐서
다 소녀이다

여인들은 다 소녀이다
마음이 예뻐서
다 소녀이다

오늘은 너도밤나무
그늘 아래에서

지나가는 연인들을 보며
낮은 쉼닷

천국의 안식

오늘은 너도밤나무
그늘 아래에서
지나가는 여인들을 보며
나는 쉰다

시원하지

아무리 더워도
그늘 안에 있으면
시원하지

이제 여름인가

분수대 앞에서
아이들의 함성소리
　들으니 좋다
이제 여름인가

시온을 그리워하는 그 사람

시온 그리워해야지
광야를 걸어가는
그 사람은 누구인가
아마도 시온을 그리워하며
걷고 있을까요

시온 그리워해야지
광야를 걸어가는
그 사람은 누구인가
아마도 시온을 그리워하며
걷고 있을 가요

모퉁이 돌 예수

예수는 우리의
모퉁이 돌이 되려고
아버지 가슴 속에서
오셨다

하늘이 시원하겠다

여름 하늘 보기에 좋다
하늘이 시원하겠다
높다 하되 걸을 수 있다

천지창조함 다시리라
비밀 예기에다 있다

비밀이 여기에 있다

천지창조 하시리라
비밀 여기에 다 있다

그 깊이가 알 수 없다

하나님은 크고
광대하심이라
그 깊이가 알 수가 없다

나의 보석은 기도

하나님은 나에게
보석을 주셨으니 갈고 닦고
빛나게 할일 남았다
나의 보석은 기도다

하나님이 이겼다

이겼다 샬롬
내가 이긴게 아니라
하나님이 이겼다

보시기에 좋은 사람

하나님이 계명을
잘 지켜서 보시기에
심히 좋았더라 말을
들을 수 있는 사람이 되자

보기에 예뻐요

지금 바람의
시간 흘러가는
사람들이
보기에 예뻐요

이기주의

어떤 아주머니가
한 밤에 홀로 앉아
서럽게 울고 있는
아줌마 보고
그냥 지나갔다

확신

하나님이 오늘 역사
하시고 계신다

허무

초여름에 바람
오네 내 옆으로
슬쩍 지나가네

하늘에 새
예루살렘은
내가 그리워한 만큼
내가 누릴수 있다

그리워한 만큼

하늘에 새
예루살렘은
내가 그리워한 만큼
내가 누릴 수 있다

환상

지금 저기에 새 한마리
찾아와서 예수 먹으라고
소리지른다

오늘 좋다

오늘 좋다
사람들이 와서
　　　좋다

나는 외로운 삶이다

나는 외로운 삶이다
거리에 참새가
있어서 좋다

달리고 싶은데

자전거 타고
달리고 싶다
자전거 탈 줄 몰라요

홀로 서 있는 여름

오늘 바람 불어오고
매미는 소리내어
힘차게 운다

그 믿음을 가질 수 있다면

예수의 믿음을
가질 수 있으면 좋겠다
우리가 그의 믿음을
아주 모른다

온 이스라엘의 구원자 예수

여호와 예수는
유다의 힘이요
우리한테는 산성이라
온 이스라엘의
구원자 예수

낙관주의

여름 더위가 있어야지
사람이 익어가지

빛나는 햇살이 너무 좋아서 사람들에 얼굴이 밝으다

얼굴이 밝으다

빛나는 햇살이 너무
좋아서 사람들의
얼굴이 밝으다

재미가 있지

적막하면 재미가
없잖아 떠들어대야
재미가 있지

정막하면 재미가
어잔나 뛰어들어댄야
밨 재미가있지

낙관주의 II

오늘 못 팔면 내일 팔면
되는거야 내일은 하나님이
손님이 되어 오실거야

예수와 함께 걷지

하늘 꽃밭에 내가
걷고 있을 때 내 옆에
누가 있을까요
예수와 함께 걷지

목련이 핀 봄날에

목련이 핀 봄날에
사람 보며 가만히
생각한다네

목련이 핀 봄날에
사람보며 가만이
생각한다네

하늘에서 오는 큰 기쁨

큰 기쁨이 하늘에서 오고
빛의 진리가
너에게 있으리라

장사 잘 된 날

오늘 오늘 참 기적의 날이네
하나님이 은혜 베푸신다

놀러가자

꽃피는 날에는
놀러가자
지금 꽃 폈다
지금 가자

갈망

갈망하나이다
당신의 아름다운 얼굴 보기
갈망하나이다 예수 빛

많이 판 날

샬롬 샬롬 여호와의
기쁨이 나타날지어다
이 봄날이 좋아요

공친 날

오늘은 마음을 비우자
나한테 심판이 왔나
내일은 열심히 하자

오늘은 참새가 안보인다
하루에 한마리는 보였는데
오늘은 보이지 않네요

오늘은 보이지 않네요

오늘은 참새가 안 보인다
하루에 한 마리는 보였는데
오늘은 보이지 않네요

장사 안 되는 날

봄은 가고 여름이 오지
시간은 자꾸자꾸 흐르는데
나는 나태해지고 있다

예수 힘

예수 힘 예수 힘
예수 사랑의 힘이라
예수 힘은 하나님

하얀 꽃잎이 내리는 봄

비처럼 내리는
꽃잎 사람들의
얼굴 속에 하얀
꽃잎이 내리는 봄

비처럼 내리는
꽃잎 사람들에
얼굴속에 하얀
꽃잎이 내리는 봄

더 없이 좋은 날

더 없이 좋은 날이네
하늘에는 까치가 날아
다니는 오늘
더 없이 좋은 날

성장

사람은 깊을수록
어린 아이가 되는거지

떠나고 싶은 날

집에서 나올 때에
꽃밭 모퉁이에
노란 민들레 펴 있는데
그 꽃에 씨앗이
하늘로 날아오른다

하나님 만나면

사람은 다
하나님 없이는 못 사는
사람이다
하나님 만나면 사람이
크게 기쁘고 즐겁다

여인을 기다리며

까치는 안 보이는데
우는 소리는 난다
기쁜 손님 오나

사랑 노래 하려면

사랑 노래 하려면
따뜻한 봄날에
사랑 노래해라

까치는 짝을 찾아서?
울고 있나 봐
나도 짝을 찾아서
울고 싶다네

웃고 싶다네

까치는 짝을 찾아서
울고 있나봐
나도 짝을 찾아서
웃고 싶다네

오지 않는 여인을 기다리며

까치가 아까
운다 우는 소리가
그리웠다

이스라엘의 회복

하나님의 영이
유다 형제에게
돌아가리라
하나님 말씀이
더 풍부해지리라

어디선가

어디선가 반가운
참새 소리가 들려오는데
가을이 더 깊어지면
바람 소리 들린다

나의 기도

하나님이여 당신의
얼굴 빛을 내게서
돌리지 마옵소서
이것이 다윗의 기도다
내 기도 된다

하늘에 살아 있는
물이 흘러 속에 있는
내마음에 바다에
넘치리라

회복

하늘에 살아 있는
물이 흘러 죽어 있는
내 마음에 바다에
넘치리라

즐거운 인생

예쁜 소녀들이
보여서 좋다

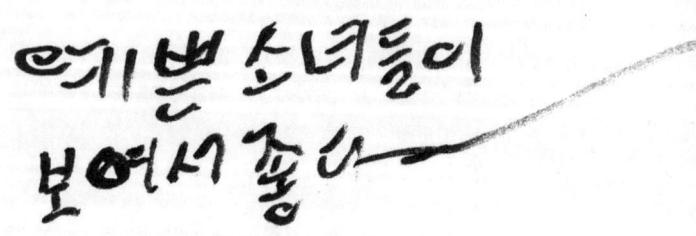

걱정은 왜 하냐

난 하나님의
아들인데 걱정은
왜 하냐

더 추락하겠지

밑바닥 인생이
나다 여기서
더 추락하겠지
다시 설 수 있다

장가 가고 싶은 날

하나님 날 불쌍히
여겨주소서
저의 인생에
꽃 피울 날이 없나이다

아파요

낙엽이 비가 되어
내려 오는데요
낙엽비 맞으면
아파요

이슬비가 온다

오늘은 이슬비가 오네
맞아도 젖지도 않는다
이슬비가 온다

새로운 장사 보고

하나님 새로운 장사
합니다 도와주소서
보고합니다 하나
팔았습니다 감사합니다
아멘
예수 이름으로 기도 아멘

절망

새 장사가
잘 안 된다
난 잘 될 줄 알았다
될 것이야

위선자

오늘 주일인데
장사가 안 된다

이제 여름

봄의 끝자리까지
왔다 이제 여름

기다리다 보면

오늘은 주일이지만
날씨가 좋아서 나왔어
기다리다 보면 그리운
사람이 오겠죠

사랑 예수여 보소서

사랑 예수여
보소서 저녁에 노을은
아름다운 것을 생각
나게 하네요

오늘되게더운데
하늘이 좋아서
날아오르고싶어요

장사 잘 된 날 II

오늘 되게 더운데
하늘이 좋아서
날아오르고 싶어요

집에 가야 되는데

오늘은 집에 가야
되는데 장사가 안 된다

세월이 가면

나는 자꾸 넘어진다
술 먹었다고 오해한다
세월이 가면 힘이
빠진다

오늘은 바람이

오늘은 바람이
오는 날이요 날개 있으면
좋았겠지

오늘은 바람이
오늘받이요 날개있으면
좋았겠지

유월에 날아 오는
참새는 예쁘다
~~여우~~ 아주 작은 새지만
나에게 기쁨이 된다

참새는 예쁘다

유월에 날아오는
참새는 예쁘다
아주 작은 새지만
나에게 기쁨이 된다

사랑의 장막

사랑의 장막에
하나님의 집을 보고 싶다네
내가 하나님을 초대
하면 되지

끝나는거니

여름도 끝나는거니
끝이 오면 새로운
것이 온다
항상 새 것이
올 것이라

횡설수설

예수 형을 섬기는 것은
내가 가만히 있는
것이 예수를 섬긴다

예수님을 섬기는것은
내가 가난이 있는
것이 예수를 섬긴다

심령이 바싹 말라야

큰 나라 옆에 두고
찾지 못한다
심령이 바싹 말라야
큰 나라 보인다

개인적인 참새

참새 한 무리가
있는데 각기 독립된 개체다
개인적 참새다

자학

구월달부터 날이
더워질거야

자위

삼십 때는 무턱 대고
했고 사십 때는
많이 놀았다
오십 때는 나 혼자
사니 열심히 해야지

재만 남는다

레바논의 백향목이
아름다워도 주인이
쓰지 않으면
불에 던져진다
재만 남는다

요셉의 꿈

예수님의 말씀 식량을
사서 비축하자
식량이 떨어질 때
예수의 사랑의 식량을
풀어놓고 먹게 하자

종이 되고 싶다

바울은 예수형의
종이다 나도 그 형의
종이 되고 싶다

요셉의 꿈 II

예수형은 유다의 동생들을
만나고 싶어 하신다
예수의 오랜 꿈이다
그 동생들에게
입맞추고 싶은 형의 마음이지

은혜 구합니다

나는 하나님의
은혜 구합니다
가을에 외롭지 않도록
하여주소서

나는 하나님의
은혜 구합니다
가을에 외롭지 않도록
하여주소서

깨어나야 된다

나는 잠에서 빨리
깨어나야 된다
다시 좋은 글을 써야지

납작히 있는 자에게

납작히 있는 자에게
복이 더 온다네

오늘은 한 개만
팔아도 행복한
하루다 행복이
따를없다

행복이 따로 없다

오늘은 한 개만
팔아도 행복한
하루다 행복이
따로 없다

장사나 하지

깊은 가을엔 뭘 할까
하긴 뭐해 장사나 하지
지나가는 사람이 나 보고
즐거운 사람이 찾아오면
만나고 좋다

서쪽으로 가버린 노을

가을에 노을이
빛난다 서쪽 하늘로
가버린 노을 내일 볼 수 있다

많이 팔린 날

세상은
즐거운 것이여
이뻐요

빛이 와서 감사해

안개 사이에
빛이 와서 감사해
따뜻한 것을 주는 빛

오늘 웃고 만다

오늘 웃고 만다
손님이 한 분도
안 오신다

비처럼 내린다

하늘에는 지혜가 있고
그 지혜는 사람들에게
비처럼 내린다
비 맞은 사람은 총명해져서
지혜만 찾겠지

주실거 다 주신다

이 겨울에 뭐하고
살지 염려할 필요 없다
하늘에 계신 아버지가
먹여주신다
주실거 다 주신다

허탕친 날

바람 부는 가을에
모 할게 없다

바람부는 가을에
모할게없다

하나님은 할 수 있다

나의 꿈은 오만원
짜리 이천 장을
모으는게 내 꿈 중에
하나이다
또 하나의 나의 꿈은
결혼하는게 꿈이다
이 일은 내가 할 수 없고
하나님은 할 수 있다

기도한다

기도하자
기도는 힘이다
기도는 힘을 비축한다
내가 살기 위해
기도한다

십자가 파는 날

사람에게 예수님을
판다 예수님이 나에게
못된 놈이라고 하시겠다
예수님 당신을 판입니다

죽을 각오하고

예수님은 죽을 각오하고
기도하셨다 매일 기도하실
때마다 그는 죽으셨다
하나님은 우리 예수형을
사랑하셨도다

십자가를 다 팔고

나는 죄인이다 인정한다
하나님앞에 죄인이다

나는 죄인이다 인정한다
하나님 앞에 죄인이다

허무 II

나는 여인들을 좋아
하지만 여인들은 나
싫어한다

빛이 따뜻함을

일월에 예쁜 태양
빛이 따뜻함을 전해
온다네

예수 가시꽃관

예수 가시꽃관을 쓰셨다
고통의 가시꽃관 쓰셨다
　우리에게 생명을
　주시는 가시꽃관

중보

풀이 죽어 있는 한 소년이
예수의 보혈의 힘으로
그의 영혼이 소생하게
하소서

꽃도 피겠다

하나님 이제 봄인가
봅니다 땅 속에서
푸른 새 풀이 올라
오는데 꽃도 피겠다

길에 홀로 앉아
사람들에 얼굴 보니
하나님 얼굴이
가슴속에 숨어있다

하나님 얼굴이

길에 홀로 앉아
사람들의 얼굴 보니
하나님 얼굴이
가슴 속에 숨어 있다

책임전가

기뻐하고 기뻐하라
장사는 하나님이
하신다 난 기뻐하면 되

책임전가 실패

오늘도 즐겁게 살다
보면 재미있는
사람을 만나게 되겠지

아침만 되면

이 골목이
아침만 되면
아름다운 말씀
가르쳐 주세요
하나님

반갑고 좋다

해가 한 달 만에
떴다고 그렇게 반갑고 좋다
한 달 만에 돌아온
해가 좋다

하늘 끝에서
예루살렘
성이

보고 있을걸

오고 있을걸

하늘 끝에서
예루살렘 성이
오고 있을걸

구름 떼 있네

하늘이 파란데
구름 떼 있네
그 밑에는 강물이
빠르게 흐르네

재미 있어

나뭇잎한테
얻어맞은 적이
있는가 재미 있어
비처럼 내리는
나뭇잎이라

밝은 하늘 좋다야

오늘은 거리의 노란
낙엽이 수북이
쌓이네
가을 햇빛 비추네
눈에 띄는
밝은 하늘 좋다야

그 사람은 복이 있다

그 누구든 착한 심령이
있어 사람이 아플 때마다
손을 얹고 기도하는가
그 사람은 복이 있다

행복해하는 너는

행복해하는
너는 마음이
즐거움이 있는가
사랑하는 마음이
있을 것이다

그냥 날아간다

한복 입고 가는
소녀들이 셋이서
예쁘게 걸어가네
비둘기가 길에
와서 모이 찾다가
그냥 날아간다

무엇을 해야 될지

난 앞으로
무엇을 해야 될지
모른다 막상
액자 장사
그만 두려고 하니

가을 깊어지면

녹색의 나뭇잎과
파란색의 하늘이
어우러져 가을 만든다
저 앞에 넝쿨잎이
언제 떨어질지 모른다
그냥 가을 깊어지면
알 수 있겠다

나 보더니

차밭에
차밭 한 구석에
그냥 가만히 앉아
불어오는 바람 본다
꼬마 소녀가
나 보더니 도망간다

횡설수설 II

아침에
아침에 내려오다 보니
노란 코스모스 핀다
밤엔 귀뚜라미 울겠다
맛있는 사탕처럼
생각이 안 날까

사랑 해야지

사랑하는 계절
봄이 오면
사랑 해야지

여름 나무는

봄의 나무가
화려한 꽃을 피우듯이
여름 나무는
새 잎파리 키운다

세상을 만드는 과정

사람은 다
활기차게 살아가라고
하시는 하나님 있으시다
세상을 만드는
과정이다 사람으로

견디기가 어렵다

십이월에
봄을 기다리는
마음이 굴뚝 같다
겨울은 너무 춥다
견디기가 어렵다

높은 곳에 오르다

높은 산 내가
올라갈 수 있다
난 산을 좋아한다

높을 산 내가
올라갈수 있다
난 산을 좋아한다

오늘은 바람이

초판 1쇄 발행 | 2017년 9월 7일

지은이 | 정재완
펴낸이 | 이상준
펴낸곳 | 버드나무
등록 | 제 2013-000142 호
주소 | 서울특별시 서초구 반포대로 3길 24
홈페이지 | 버드나무 아래 birdnamoo.com

값 10,000 원   ISBN 978-89-98041-19-9 03810

* 잘못된 책은 바꾸어 드립니다.
* 이 책의 전부 또는 일부를 다시 사용하려면 저작권자의 동의를 받아야 합니다.